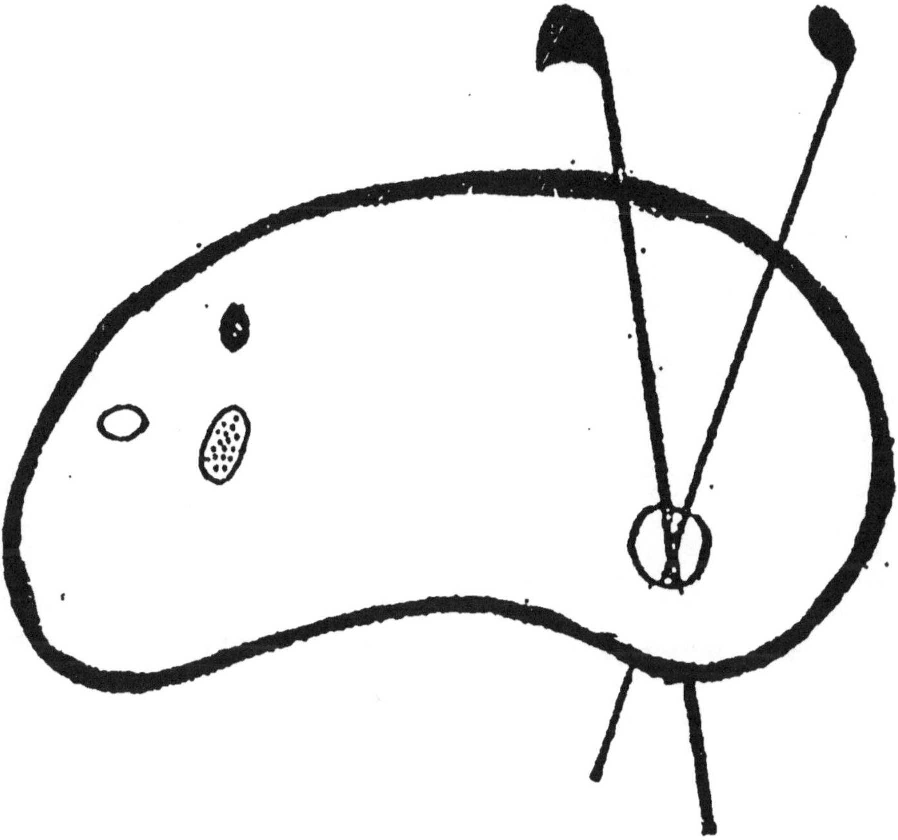

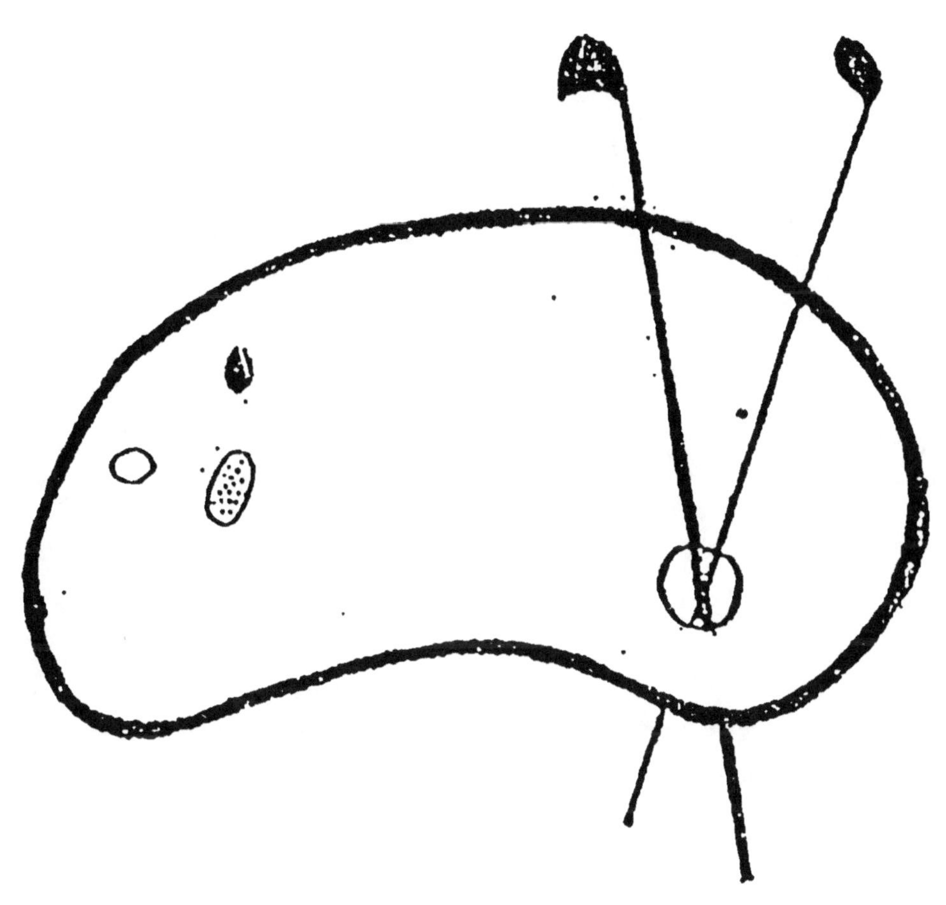

FIN D'UNE SERIE DE DOCUMENTS
EN COULEUR

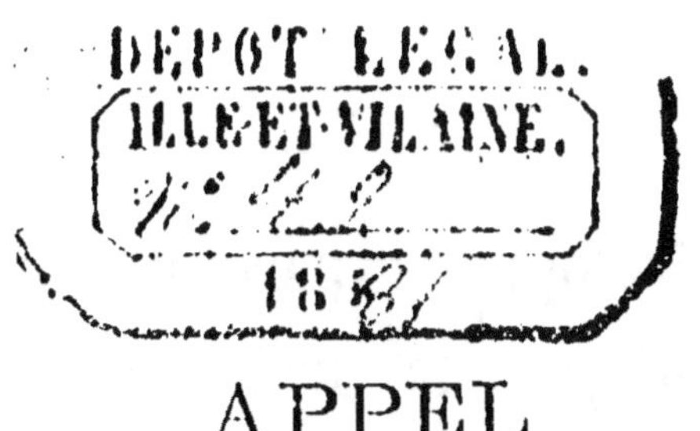

APPEL

AUX OUVRIERS[1]

MESSIEURS,

Nous inaugurons aujourd'hui ces Conférences, qui sont spécialement consacrées aux ouvriers. Nous sommes pleins d'espérances joyeuses, et croyons que cette œuvre de lumière sera en même temps une œuvre de réconciliation, d'amour et de paix. La Croix, que nous avons très-visiblement placée dans tous nos lieux de réunion; la Croix, que nous

---

(1) Discours prononcé, le 13 janvier 1873, pour l'inauguration des Conférences destinées à la classe ouvrière.

arborons et développons partout comme un étendard magnifique; la Croix, que nous ne consentirons jamais à cacher, vous indique assez quelle est notre foi, et quel est notre but. Nous voulons éclairer vos intelligences, dilater vos cœurs, diriger vos volontés dans la voie du Bien, du Beau et du Vrai. Nous voulons, en un mot, vous conquérir au Christ, et nous vous le disons ici avec une franchise qui a une horreur profonde pour toutes les habiletés du langage. Vous nous tiendrez compte d'une sincérité que vous avez toujours aimée; car, comme l'a dit un grand orateur contemporain : « Le peuple ne s'y « trompe pas; il sent quand on vient à lui avec « la foi en lui et en son éminente dignité (1). » Nous venons donc à vous avec cette croix de Constantin qui a converti le monde. Ce signe

---

(1) Mgr Mermillod, *La Question ouvrière*, p. 25.

glorieux, nous l'avons entouré de rayons, pour vous montrer que la lumière sort du Christianisme, comme le fleuve sort d'une source et le rayon d'un astre. Si nous l'avions pu, nous aurions adopté pour drapeau la croix de la Catacombe de Saint-Pontien, d'où s'élancent de belles roses, symbole de la joie. Oui, nous l'aurions choisie pour vous montrer que, dans le Christ, on trouve, non seulement le repos de l'intelligence éclairée, mais aussi le repos, l'allégresse et l'*alleluia* du cœur satisfait. C'est par ce signe que nous vaincrons.

Dans ce premier entretien, qui servira humblement de préface aux discours de tant d'orateurs éminents, nous prétendons uniquement poser la question ouvrière, vous dire à ce sujet notre pensée tout entière, vous ouvrir tout notre cœur. N'espérez pas entendre ici une parole académique; n'attendez pas de nous ces vains compliments auxquels vous ont habitués des flatteurs qui ne vous aiment pas. Nous le disons tout d'abord et sans ambages : « Entre « la société chrétienne et le monde ouvrier, il « existe aujourd'hui un certain nombre de « malentendus. » Ce sont ces malentendus que nous voudrions dissiper. Et nous demandons à l'Ouvrier divin de Nazareth de vouloir bien conduire notre parole, bénie par lui, jusqu'à l'intelligence et au cœur de l'ouvrier de Paris.

Dans la première partie de ce Discours, qui sera bref, nous vous dirons ce que nous sommes; dans la seconde, ce que nous voulons; et nous répondrons, dans la troisième, à certaines objections contre l'Église qui ont cours parmi les ouvriers et sont la cause de ces malentendus plusieurs fois déplorables dont nous souhaiterions délivrer vos entendements et vos cœurs également opprimés. Il est temps que la Vérité vous affranchisse.

I

Pour vous mieux faire comprendre ce que nous sommes, nous voulons avant tout vous exposer ce que nous ne sommes pas.

Nous ne sommes pas des politiques, et tenons à vous le déclarer très haut. Jamais, jamais, JAMAIS, il ne sera prononcé dans cette enceinte un seul mot qui, de près ou de loin, touche à nos antiques ou récentes discordes. Nous ne mériterons jamais cette injure d'être appelés « hommes de parti. » Quelles que puissent être ici nos convictions intimes (et nous avons le droit d'en avoir, nous aussi), nous ne voulons être, nous ne serons que chrétiens. Nous estimons qu'il peut y avoir, au sein de tous les partis avouables, des catholiques sincères et nullement *indépendants*. Quand nous mettons le pied sur le seuil de ses basiliques, l'Église, qui vient au-devant de nous, ne nous demande pas si nous sommes monarchistes ou républicains, mais uniquement si nous croyons au Verbe éternel qui a créé le ciel et la terre, qui s'est fait homme dans une crèche et nous a sauvés sur une croix. Ainsi ferons-nous, et le seul chant populaire que vous entendrez ici sera le *Credo*. Venez, venez le chanter avec nous.

Nous n'appartenons pas, grâce à Dieu, à ce groupe trop nombreux de prétendus conservateurs, qui ne voient dans la question ouvrière qu'une préoccupation pénible et de nature à troubler le calme de leur digestion; qui ne veulent s'imposer aucun sacrifice véritable, et s'étonnent volontiers que les classes laborieuses se plaignent de leurs souffrances. Nous ne sommes pas de ces égoïstes élégants et délicats, qui, depuis plusieurs siècles, ont donné le fatal exemple de l'indifférence, du doute ou de la négation en matière religieuse, qui se sont mis à la suite de Voltaire, qui ont ri d'un mauvais rire en face de la Vérité outragée, qui ont arraché Dieu du cœur de l'ouvrier, et persistent néanmoins à affirmer que « la religion est bonne pour le peuple. » Gens raffinés, dont les descendants et les élèves rédigent aujourd'hui ces journaux pleins d'esprit où l'on nous offre à la première page des articles ultra-conservateurs, et à la seconde des romans ultra-obscènes. Non, nous ne sommes pas de ceux-là. Arrière, arrière, ces incrédules que la peur décide à feindre la foi! Arrière ceux qui redoutent le peuple et qui ne l'aiment pas!

Nous ne sommes pas de ceux qui sont conduits vers vous par cette crainte vile, ou par un plus vil intérêt; nous ne sommes pas de ceux qui voient en vous une puissance armée devant laquelle il faut trembler, ou une majorité électorale devant laquelle on s'agenouille. Nous ne viendrons jamais solliciter vos voix, et nous

nous obstinerons à vous servir avec un désintéressement absolu. Bref, nous sommes pour vous et serons toujours des frères et des serviteurs, mais nous ne descendrons jamais à être des courtisans. D'ailleurs, la victoire que nous ambitionnons est de celles que la force ne remporte pas : donc, nous ne sommes point de ceux qui comptent sur la force. Nous voulons uniquement gagner vos intelligences avec notre foi, et vos cœurs avec notre amour.

Nous ne sommes pas de ceux qui placent l'âge d'or dans un passé trop superstitieusement aimé. Quelque amour que nous nous sentions au cœur pour ce cher moyen âge, auquel j'ai pour ma part consacré toutes mes études avec toute ma vie, nous ne le trouvons pas assez chrétien pour en faire notre unique idéal. Nous savons que ces siècles, si diversement jugés, ont été le théâtre d'une lutte gigantesque entre le Paganisme de plus en plus vaincu, et l'Église de plus en plus victorieuse. Nous faisons, nous savons faire une distinction fondamentale entre la Chevalerie qui a si héroïquement défendu la Vérité et la Féodalité qui lui a fait tant de mal. Nous n'ignorons pas que le Paganisme avait, en mourant, laissé aux âges chrétiens, comme un legs épouvantable, les traditions de l'esclavage, de l'impudicité et de la violence, et nous confessons que le Christianisme n'a pu en un jour décapiter ces hydres aux cent têtes. Si nous nous plaçons au point de vue spécial des Corporations ouvrières, nous irons jusqu'à avouer que leur organisation, si admirablement chrétienne par tant de côtés, avait cependant laissé trop de place à certains abus que nous haïssons, et, pour prendre un exemple décisif, que la condition matérielle des Compagnons ne fut pas alors tout ce qu'un cœur chrétien pourrait aujourd'hui souhaiter. Nous avons la religion, et non pas la superstition du moyen âge. De cette époque si indignement calomniée nous gardons tous les éléments sincèrement chrétiens; nous rejetons les autres. Nous reconnaissons, dans cet âge rude et laborieux, cette aurore, cette belle aurore de la civilisation catholique que la Renaissance a scandaleusement interrompue. Dans ces siècles méconnus, nous saluons surtout le cycle des Saints. Nous aimons d'un très-ardent amour le temps sublime où saint Benoît donnait à cent mille hommes et à vingt générations l'ordre et le signal de défricher les intelligences et les champs également stériles; où saint François s'entretenait avec les oiseaux du ciel, réconciliait toute la nature avec l'humanité christianisée et donnait à ses contemporains la passion de « notre dame la Pauvreté; » nous aimons ce temps où l'esclavage antique nous fit la joie d'expirer sous le pied de l'Église; où toutes les institutions de l'État et de la famille se montrèrent énergiquement catholiques; où la royauté fut représentée par un saint Louis, l'amour par une sainte Élisabeth et la science par un saint Thomas d'Aquin. Mais, enfin, notre âme a de plus larges ailes, et veut voler plus haut encore. Nous voulons plus, nous voulons mieux, et nous construisons l'avenir avec deux sortes de matériaux : avec le passé, sans doute, mais aussi avec nos désirs, qui sont vastes.

Nous ne sommes pas de ceux qui trouvent ingénuement que, dans le monde actuel, tout est organisé à souhait. Sans doute, il y a, dans la société ouvrière de notre temps, des désirs illégitimes, des jalousies coupables, des soifs iniques; mais nous savons aussi tout ce que le monde des travailleurs peut offrir, aux yeux de Dieu, de souffrances honorables, de nobles soupirs et de larmes honnêtes. Dieu nous préserve de rire jamais d'une seule de ces douleurs, alors même qu'elles seraient méritées! Nous espérons, tout au contraire, que la société chrétienne arrivera un jour, par la paix et la prière, par les sacrements et l'amour, à un meilleur agencement social, à une pacification plus profonde, à une distribution plus heureuse de la richesse, à une prospérité mieux répandue et à quelque chose enfin de plus semblable au règne de Dieu. Mais nous sommes, hélas! assurés que la Répartition et l'Égalité définitives ne seront consommées que dans l'Éternité. Ceux qui ne croient pas à l'autre vie ne verront jamais satisfait leur désir de la Justice infinie. Ils se condamnent à ce supplice.

Nous ne sommes pas de ceux qui méprisent le travail des mains, et nous sommes de ceux, au contraire, qui cherchent à placer l'artisan tout près de l'artiste. Il y avait des Pyrénées, depuis deux ou trois siècles, entre l'Art et l'Industrie : nous voulons supprimer ces Pyrénées, et les supprimerons. En vérité, l'ouvrier est un être très-auguste, et les titres de sa noblesse se retrouvent aisément dans les profondeurs de la foi et de la théologie. Écoutez...

Le Type éternel, le Type adorable de l'ouvrier, c'est le Père céleste, c'est le *Faber divinus,* qui ne s'est pas contenté de faire jaillir du néant la matière obéissante, mais qui s'est mis, orfèvre sublime, à la ciseler comme un joyau splendide. La Beauté, la Bonté, la Vérité personnelle et vivante, voilà quel fut, à la lettre, le premier ouvrier. Dieu a menuisé, a charpenté, a taillé, a maçonné, a ciselé tous les univers, toutes les nébuleuses, tous les astres. Sa main gracieuse et magnifique, armée d'un ciseau invisible, se découvre dans toutes les parties de la création, qui a été merveilleusement sculptée par ce merveilleux praticien. Ouvriers de tous les états, contemplez ici l'œuvre de votre Modèle, de votre Maître, de votre Patron divin. Ces forêts sombres; ces feuillages transparents; ces fleurs, dont on peut approcher le microscope, révélateur de mille merveilles; ces montagnes, ces océans et ces infiniment petits, c'est lui, c'est le grand Ouvrier qui les a fabriqués. Manufacturier incomparable, il a conçu le plan de tous ces êtres dans son Verbe éternel, et un jour, pour réaliser son plan, il a prononcé ce verbe : « Qu'ils soient ! » Et ils ont été. Mais ce n'était pas encore assez se montrer ouvrier. Diéu a craint qu'on ne se méprît sur son métier, s'il m'est permis de parler de la sorte. Il a tellement tenu à être véritablement un ouvrier, qu'il se fit charpentier en même temps qu'homme. Il choisit un bel état, bien caractéristique, et, de ses mains divines, scia, rabota, polit, travailla le bois qu'à l'heure première du monde il avait une première fois travaillé dans le dessein de la création. Ouvriers, mes frères, ce n'est pas une fable, ce n'est pas un symbole : Jésus, fils de Dieu, a été apprenti, compagnon, ouvrier charpentier, et de vénérables monuments de la tradition nous le montrent faisant des charrues. Des croix peut-être. Que ne puis-je vous parler du Saint-Esprit, considéré comme l'Ouvrier du monde spirituel, qu'il a réellement maçonné, taillé et charpenté? Que ne puis-je expliquer devant vous les belles réalités de ce symbolisme! Je laisse à regret cet atelier de l'Église, et me contente aujourd'hui de l'atelier de la création et de celui de Nazareth. O splendeurs!

Mais vous m'interrogez plus instamment, et me demandez ce que je pense de l'ouvrier contemporain. Et je vous réponds que, malgré ses fautes et ses erreurs, je me sens pris pour lui d'un grand amour qui est invinciblement provoqué par le Christ. Oui, je ferme les yeux, je m'abstrais. J'oublie tant de flammes ignobles, tant de sang, et un sang si pur, si sacrilègement répandu. Tant de ruines, tant de scandales, je les veux éloigner de ma pensée. Je viens à toi, ouvrier païen, ouvrier rebelle à Dieu, et, au milieu de tes rébellions et de tes orgies sataniques, je m'approche de toi qui fus baptisé jadis, et je mets le doigt sur ton cœur, pour ne pas désespérer. Ton intelligence est obscurcie, ta volonté est égarée; mais, en vérité, il y a encore quelques battements qui permettent une je ne sais quelle espérance. Et je répète volontiers les paroles de ce grand évêque de notre temps qui s'est tant occupé de la question sociale : « Le peuple aime ce qui est « beau; il comprend ce qui est grand. Sachez « qu'il a des aspirations vers les hauteurs, et « qu'il tend à monter. » Et ailleurs : « L'ou- « vrier de nos jours a déplacé les idées géné- « reuses de l'Évangile; il emprunte au Chris- « tianisme ses nobles et saintes aspirations. » Rien n'est plus vrai. S'il y avait une chimie pour analyser les âmes, que d'éléments chrétiens on trouverait dans toutes celles des ouvriers! Je vois facilement en chacune d'elles l'étoffe admirable d'un de ces « pauvres gens » qui ont été si puissamment esquissés par Victor Hugo... Il s'agit d'un travailleur, d'un ouvrier des bords de la mer, d'un misérable enfin. Il a déjà cinq enfants et qui meurent de faim; et voici qu'un jour il recueille, « par-dessus le marché, » deux orphelins plus pauvres que lui :

> Nous avions cinq enfants : cela va faire sept.
> . . . . Nous les mêlerons tous.
> Cela nous grimpera, le soir, sur les genoux.
> Ils vivront; ils seront frère et sœur des cinq autres.
> Quand il verra qu'il faut nourrir, avec les autres,
> Cette petite fille et ce petit garçon,
> Le bon Dieu nous fera prendre plus de poisson.
> C'est dit : va les chercher. . . . .

Ouvriers de Paris, lisez et relisez ces vers. Ils valent mieux que tous ceux de l'*Année terrible*, et vous peignent plus exactement. Vous êtes capables de ce dévouement sublime, et je vous rappelle à la noblesse de votre nature.

Vous savez maintenant « ce que nous ne sommes pas, » et il semble que jusqu'ici nous n'avons pas manqué un seul instant à la grande loi de la sincérité. Tout au contraire, nous avons à dessein multiplié toutes les inhabiletés avec toutes les franchises. C'est à peine si nous avons besoin d'ajouter que nous ne sommes point de ceux qui dédaignent aujourd'hui les questions ouvrières et sociales, et qui, s'enfermant dans le domaine gracieux de la fantaisie, répètent, avec Alfred de Musset : « Si deux noms par hasard s'embrouillent sur ma lyre, — ce ne sera jamais que Ninette ou Ninon. » Cette indifférence charmante n'est, en réalité, qu'une forme de l'égoïsme. Allons plus loin. Bien qu'en notre qualité de catholiques (c'est la seule noblesse, c'est le seul titre auquel nous soyons réellement attachés), nous fassions plus d'estime de la vie future que de la présente, nous ne sommes pas de ceux qui pensent uniquement à la destinée céleste de l'ouvrier. Depuis plus de dix-huit cents ans, l'Église n'a pas cessé une seule minute de s'occuper du sort temporel de tous les travailleurs. Dans son firmament, elle a quatorze constellations magnifiques qui s'appellent les sept Œuvres de miséricorde temporelle et les sept Œuvres de miséricorde spirituelle. Elle les a toutes fait luire sur le front de l'ouvrier, et c'est pour lui surtout qu'elle en entretient la lumière. Cet exemple de notre mère, nous le voulons toujours imiter. Nous savons d'ailleurs — et c'est un argument puissant — que la misère est une mauvaise conseillère, et que, si elle est mal acceptée, elle détourne les âmes du devoir et de l'éternité. Voilà pourquoi nous déclarons à la misère une guerre intime, une guerre mortelle. Et c'est ainsi qu'en améliorant la terre, nous espérons préparer le ciel.

Nous voudrions qu'en ce moment notre cœur fût un livre ouvert, un livre écrit en vastes caractères et lisibles à tous. Nos frères les ouvriers y verraient que nous ne les accusons pas aveuglément de tous les crimes, de toutes les erreurs de la société moderne, et que nous savons faire très-sévèrement la part de toutes les autres classes. Et ils y liraient surtout ce programme de notre œuvre, tel qu'un grand prélat de la sainte Église nous l'a récemment tracé : « Nous devons croire au « peuple, espérer en lui, l'aimer. » Car il ne faut point s'imaginer que l'aumône ici suffise et que le peuple l'accepte. Il exige tout notre cœur, toute notre estime, tout notre respect. Qui ne respecte pas l'ouvrier ne fait rien. Aussi cette doctrine du respect de l'ouvrier, cette doctrine très-chrétienne, est-elle la base sur laquelle nous avons bâti tout notre édifice. Puisse Dieu le bénir !

Demandez-nous maintenant, en toute franchise, ce que nous sommes, et quelle est notre foi. Et n'oubliez pas notre réponse, qui ne sera pas moins sincère...

Nous croyons en un seul Dieu, en un suprême et souverain Ouvrier que nous ne confondons pas avec son œuvre. L'œuvre est divine, mais n'est pas Dieu. En dehors du monde, au-dessus du monde, dans une région inaccessible, habite et règne, durant tous les siècles des siècles, la majesté de notre Dieu, l'Infini et l'Absolu, la Justice et la Miséricorde, le Bien, le Vrai et le Beau vivants et personnels, la Providence éternelle qui veille sur les ouvriers de toutes les races et de tous les temps. Il en est parmi vous qui refusent à ce Dieu l'adhésion libre de leur foi, et c'est cette négation que nous venons combattre ici avec les armes du raisonnement et de la lumière. Car tout dépend de votre foi. Tant que vous serez athées, nous vous aimerons; mais, hélas! vous ne nous rendrez pas notre amour, et cette réconciliation tant désirée ne sera pas aisément réalisable. On ne s'aime bien que dans l'amour, et c'est Dieu qui est l'Amour.

Nous croyons en un Dieu créateur, et nous nous inclinons devant lui avec la foi simple de ce tailleur de pierres dont nous a parlé Lamartine, et qui disait un jour à notre grand poète : « Je ne sais pas, Monsieur, comment sont faits

« les autres hommes; mais, quant à moi, je « ne pourrais voir, je ne dis pas une étoile, « mais seulement une fourmi, une feuille « d'arbre, un grain de sable, sans lui dire : « Qu'est-ce qui t'a fait? — Et vous répondez : « C'est Dieu. — Bien entendu, Monsieur; car, « avant d'être, ça n'était pas. Donc, ça ne « pouvait se faire. » J'éprouve en ce moment une grande joie à vous citer ces belles paroles, sous les voûtes d'une chapelle spécialement consacrée aux ouvriers. Méditez-les, ouvriers qui m'écoutez, et, si vous êtes républicains, respectez, aimez, croyez ce qu'a respecté, aimé et cru ce républicain de 1848. Tous les ouvriers alors croyaient en Dieu Il faut que ce temps revienne, et nous dépenserons pour cette œuvre nécessaire notre temps, nos forces, notre vie.

Mais ce n'est pas assez de croire à Dieu. Il faut faire envers lui acte de créature; il faut lui donner le respect, l'hommage, la confiance, la prière, l'amour. Bénie soit cette petite chapelle de Jésus-Ouvrier, si, ce soir, un seul de ces sentiments vient à sortir d'une seule des âmes qui sont ici et qui m'écoutent!

Nous croyons encore au Fils de Dieu, au Verbe, au Discours intérieur, à la Parole créatrice du Père; et nous affirmons que ce Verbe est descendu, en un moment déterminé de l'histoire, sur notre terre que le péché avait souillée et qu'il fallait laver. On ne peut arriver à Dieu, à cette Pureté absolue, que de deux façons : blanc ou blanchi. Sommes-nous blancs par nous-mêmes? Descendez en vos âmes, et répondez. Donc, le Christ est venu souffrir, expier et mourir pour nous tous, et en particulier pour tous les ouvriers présents, passés et à venir. Telle est l'admirable doctrine de la solidarité dans l'expiation, et c'est ici que Jésus est encore le type de tous les ouvriers. Eh! qui pourrait se plaindre d'avoir à travailler, quand ce Dieu a subi pendant trente ans la loi rigoureuse du travail manuel? Qui pourrait se plaindre de souffrir, quand il a voulu porter le poids de toutes les souffrances du corps et de l'âme humaine? Qui pourrait se plaindre de l'isolement et de l'abandon universels, quand ce Dieu a été trahi par ses plus tendres amis et délaissé par tous, excepté par sa mère qui resta debout? Qui pourrait se plaindre de mourir dans la solitude, dans la douleur et dans la honte, sur le grabat d'une mansarde ou sur un lit d'hôpital, quand Lui, le créateur de tant de millions de soleils et d'univers, nous a offert l'exemple de la mort la plus cruelle, après nous avoir donné le modèle de la vie la plus misérable? Ah! ils ont eu raison de décréter la suppression des crucifix dans les hôpitaux et dans les écoles; car un véritable ouvrier ne peut regarder le crucifix, sans être ému jusqu'au fond de l'âme, sans lui tendre les bras, sans se sentir très-profondément consolé, sans s'écrier enfin : « Voilà mon maître, mon « exemple et mon père. »

Nous croyons que le Christianisme se résume en ces mots, qu'il faut méditer : « Imitation du Christ. » Et en particulier : « Imitation de Jésus ouvrier. » C'est par là que nous sommes amenés à donner aux vertus privées une part que nos adversaires ne veulent pas nous accorder. Il est de mode aujourd'hui, parmi les ouvriers et ailleurs, de répéter cette proposition malsonnante, qui résume trop exactement les dernières œuvres de Victor Hugo : « La « société est mauvaise et l'homme est bon. » Messieurs, n'en croyez rien. L'homme est un être intelligent, un être libre, un être responsable, qui peut, quand il le veut et avec l'aide de Dieu, vaincre en lui le mal et faire le bien. Comme la société n'est qu'un composé d'hommes, il arrive et il arrivera toujours que, si chacun de nous devient plus pur, plus humble, plus charitable, meilleur, la société deviendra elle-même moins sauvage, plus lumineuse, mieux organisée, meilleure. En économie politique, on ne saurait, je pense, exagérer le rôle des vertus privées. On peut démontrer mathématiquement, on démontrera bientôt que tout dérive socialement du sacrifice. Si vous voulez savoir, Messieurs, en quoi les catholiques se distinguent ici de leurs ennemis, je vous dirai fort simplement qu'ils placent le Devoir avant le Droit, et que les ennemis de l'Église placent le Droit avant le Devoir. Tout est là. Certes, nous croyons au Droit et tout aussi vivement que vous pouvez le faire; mais nous en faisons la conséquence logique, et pour ainsi dire la récompense du devoir accompli. Pesez cette doctrine, à laquelle est attachée la destinée du monde.

Nous croyons aussi à l'Église catholique, apostolique, romaine. Du haut de sa croix et au moment de jeter ce grand cri qui a ému tous les univers, Jésus-Christ pensait à son Église. Sur le point de remonter à la droite du Père, il y pensa encore et la voulut fonder d'une façon définitive. Le monde, en effet, qui venait d'être visité par un Dieu, ne pouvait plus se passer d'un enseignement divin, ni d'une assistance divine qui fut visible et tangible. L'Église, Messieurs, c'est l'INCARNATION PERMANENTE DU VERBE. C'est cette « société des hommes avec Dieu où toutes les œuvres du Christ seront continuées jusqu'à la fin des temps. » C'est le prolongement des trente-trois années que Jésus a passées sur notre terre. Telles sont les définitions les plus élevées qu'on ait jusqu'ici données de l'Église, et nous n'hésitons pas à vous les communiquer. Notre méthode, en effet, consiste à ne rien trouver de trop beau, de trop grand, de trop élevé pour nos auditoires ouvriers. Dans cette enceinte même où vous nous écoutez avec une attention si bienveillante, nous avons eu déjà l'occasion de célébrer plusieurs de vos fêtes patronales, et nous n'avons alors voulu vous faire entendre que du Beethoven et du Mozart.

Et quand nous vous avons distribué de ces images qui sont destinées à perpétuer le souvenir de nos solennités ouvrières, nous n'avons également voulu faire passer sous vos yeux que des gravures presque parfaites et reproduisant uniquement les œuvres des grands maîtres, de Fra Angelico, du Pérugin et de Raphaël. Ce sont aussi les plus grands orateurs que nous avons conviés à vous adresser ici la parole. Ainsi agirons-nous toujours, et voilà pourquoi nous confions aujourd'hui à votre mémoire une définition de l'Église qui est empruntée aux plus grands penseurs. Vous êtes dignes de la comprendre, Messieurs, et vous aimerez comme nous cette Mère céleste qui continue parmi les ouvriers toutes les œuvres du Christ ouvrier.

Nous croyons enfin à la Vie éternelle. Sans doute il est à désirer que tous les hommes fassent le plus d'efforts possible pour arriver, DÈS CETTE TERRE, au règne de la Justice. Les catholiques n'y manquent pas, et n'y manqueront jamais. Mais, quelle que soit la légitime beauté de ces tentatives, je pense que la perfection de l'idéale justice ne se rencontrera que dans la vie future; je pense que, pour établir la balance définitive du sort de chaque homme, il faudra toujours faire entrer le ciel dans ses calculs. Il y a ici-bas trop de douleurs inconsolables, trop de souffrances qu'aucune égalité sociale ne pourra jamais supprimer. Il y aura toujours, hélas! les passions qui ravagent le cœur; il y aura toujours les ingratitudes et les abandons; il y aura toujours les maladies et la mort de ceux que nous aimons le plus. Paradis de mon Dieu, vous rétablirez l'équilibre; paradis de mon Dieu, si vous êtes surtout destiné à ceux qui ont souffert, vous serez tout particulièrement ouvert aux ouvriers. Je vis dans cette espérance.

Et voici maintenant, Messieurs, que je suis amené à récapituler, non sans quelque émotion, tous les bienfaits que la Providence vous a spécialement réservés : « Un Père céleste qui mérite surtout le titre d'ouvrier et qui a façonné le monde; un Dieu qui descend sur la terre pour saisir la varlope, la scie et le marteau, et devenir par là le prototype de tous les ouvriers; une Église, fondée DIRECTEMENT par Dieu et par conséquent infaillible, qui, depuis dix-huit cents ans, se penche vers les ouvriers pour les éclairer, les consoler et les aimer; une éternité de bonheur où toutes les injustices présentes seront surabondamment réparées. » Ouvriers, mes frères, que demandez-vous de plus? A la place de Dieu, qu'auriez-vous fait de mieux? Répondez.

II

Que voulons-nous cependant? En d'autres termes, que pouvons-nous vous promettre?

Il est tout d'abord vingt promesses que nous ne pouvons vous faire, et nous avons le droit de vous avertir ici de notre *non possumus*.

Nous ne pouvons vous promettre de considérer jamais la révolte armée comme un devoir ou comme un droit. Nous nous rattachons, du fond de notre intelligence, à cette doctrine, que, contre l'injustice même, on doit protester par le martyre héroïquement accepté, héroïquement subi. Ainsi ont fait les premiers chrétiens. Ils se sont laissé égorger comme de beaux agneaux couverts d'un sang généreux. Cette résistance magnifiquement passive n'exclut jamais chez nous et n'a pas exclu chez eux la liberté de la parole : ils sont morts en affirmant Dieu, suprême Principe, et le Fils de Dieu, souverain Expiateur. Et quand on en eut tué quinze ou dix-huit millions, l'Église triompha. Elle sortit alors de ses catacombes, et il lui fut donné d'illuminer le monde.

Nous ne saurions vous promettre la liberté du mal, et nous mentirions si nous avions seulement l'apparence de prendre un tel engagement. Il y a cinq cents hommes en France qui, en ce moment, pervertissent, corrompent, pourrissent la France. Parmi eux il y a bien quatre cent quatre-vingt-dix écrivains... et dix caricaturistes. Il est déplorable, suivant nous, qu'ils puissent librement exercer leur méchante industrie et perdre impunément tant de millions d'âmes de jeunes filles, de jeunes gens et d'ouvriers.

Nous ne saurions vous promettre sincèrement l'égalité absolue sur cette terre. Ce que nous vous pouvons donner dès aujourd'hui, c'est cette belle égalité des chrétiens, qui sont issus du même Dieu créateur, qui ont été rachetés par le même Dieu rédempteur, et qui sont éclairés par le même Dieu illuminateur; c'est l'égalité, la très-profonde égalité dans le Baptême et dans l'Eucharistie; c'est l'égalité des âmes dans l'épreuve et dans la récompense; c'est enfin l'égalité dans le ciel. Quant à l'autre, nous nous consumerons en efforts pour l'atteindre, mais nous avons deux obstacles devant nous, dont nous n'espérons pas triompher : la maladie et le vice. Pas d'égalité possible avec ces deux fléaux, et ils sont immortels.

Nous ne saurions vous promettre ni la jouissance illégitime ni même la fin de la souffrance. En enlevant — chose impossible — toute souffrance à l'homme, on lui enlèverait sa ressemblance avec Dieu, et, par conséquent, sa grandeur véritable et ses titres au ciel. Plus nous souffrons, plus nous ressemblons à notre Père, plus nous méritons les éternelles joies.

Ce sont là autant de principes chrétiens que nous ne saurions effacer de l'Évangile, et qui sont l'essence même de la vie chrétienne. Mais nous vous promettons de souffrir avec vous, et, comme nous l'avons fait depuis dix-huit siècles, d'adoucir toutes vos souffrances, de panser toutes vos plaies, d'assouvir votre faim matérielle et morale, et d'étancher enfin votre soif de la Vérité. Les Pères de l'Église nous invitent à nous considérer uniquement comme les « dépositaires de la richesse. » Toute propriété n'est qu'un dépôt entre nos mains. Un dépôt, Messieurs, que nous avons le strict devoir d'administrer pour nos frères, et dont nous rendrons compte au Maître.

Nous vous promettons encore la foi, qui donne à l'âme une noble attitude et une heureuse tranquillité. Et avec la foi, nous vous pouvons donner ce qu'on a si bien appelé l'*intelligence de la vie*, cette intelligence grâce à laquelle « l'ouvrier sait accepter l'inégalité parce qu'il voit à l'horizon les belles perspectives de l'éternité. » Nous vous promettons le calme dans la certitude. Nous vous promettons cette consolation que tout ouvrier puise dans la vue de son Type divin. Nous vous promettons de vous donner ce type, et croyons par là donner un rare trésor à vos âmes qui en sont trop justement avides.

Nous vous promettons encore la douceur du travail chrétiennement accepté. « Qu'importe, « a dit un grand chrétien, qu'importe le tra- « vail, quand Jésus-Christ est là? » C'est ici qu'il faut se rappeler ces vers splendides du plus grand de nos poètes, ces vers que nous voudrions voir écrits sur les murs de tous nos ateliers transfigurés :

. . . . Dieu, vois-tu,
Fit naître du travail, que l'insensé repousse,
Deux filles : la vertu, qui rend la gaîté douce,
Et la gaîté, qui rend charmante la vertu.

Et, avec le travail, vous conquerrez aussi le

« courage de la vie, » parce que vous v us convaincrez que tous les êtres sont assujettis à cette grande loi, et que les coups de vos marteaux sont les notes d'un chant universel. « Tout travaille, tout est à son poste : celui qui gouverne l'État; le savant qui recule les bornes des explorations humaines; le sculpteur qui fait jaillir la statue de son ciseau; le poète qui chante à travers ses larmes et son sourire; le prêtre qui punit et pardonne; tout jusqu'à toi, pauvre ouvrier, qui travailles dans ton atelier fùmeux. Tous, tous, nous sommes les pierres vivantes de cette cathédrale formée des âmes et des siècles pour la gloire de Dieu (1). » Avec de telles pensées, la journée paraît courte, et le labeur prend une sorte de caractère exquis. Quelle joie de se dire : « Je travaille comme Dieu lui-même m'en a donné l'exemple ! »

---

(1) Mgr Mermillod.

Nous vous promettons encore l'honneur et la fierté. L'ouvrier chrétien, celui dont notre Œuvre veut multiplier dans Paris la glorieuse famille, cet ouvrier aime son métier; il en est fier; il rougirait de ne pas le préférer à tous les autres. Il contemple avec satisfaction l'œuvre qu'il vient d'achever; il est un peu comme le Créateur et trouve naïvement qu'elle est belle. Il essaye, sans jalousie, d'égaler et même de surpasser les meilleurs ouvriers de son état. Il entend que cet état soit le plus honoré de tous, et que la France y soit l'égale de tous les autres peuples. Là-dessus, il n'entend pas que l'on plaisante, et devient grave. S'il appartient à une Corporation, il se passionne pour la gloire de sa bannière, et ne permet pas qu'on l'insulte. Quand on respecte ainsi sa condition, on se respecte soi-même, et l'on est conduit à respecter Dieu. Tels sont les éléments de ce que j'appelerai volontiers l'honneur ouvrier.

Nous vous promettons la paix de la conscience, le bonheur qui suit le devoir accompli, le repos dans la joie. Tout ouvrier parmi nous pourrait dire à ses enfants ce qu'écrivait en son testament un des plus illustres savants de notre siècle, cet admirable Emmanuel de Rougé : « Que mes fils conservent précieusement la foi. « Le repos de l'esprit et du cœur ne peut se « trouver qu'en Jésus-Christ, fils de Dieu et « Sauveur de l'homme. » — « Travailler, c'est chose simple, dit un philosophe contemporain. Mais se reposer, c'est le difficile. » — « L'homme « travaille sans repos, quand il agit en ne comp- « tant que sur lui. Il travaille et se repose, « quand il agit en comptant sur Dieu d'abord. » Tel est le repos que nous vous offrons, et il est souverainement délicieux. Et il conduit l'ouvrier à se reposer... en travaillant pour les autres, comme ce brave Claude des Huttes, ce tailleur de pierres de Saint-Point, cet ami de Lamartine, qui, tout misérable qu'il était, travaillait gratuitement pour les pauvres et se disait le soir, en se couchant : « J'ai gagné une bonne journée; car les pauvres gens me la payent en amitié, mon cœur me la paye en contentement, et le bon Dieu me la payera en miséricorde. » O grandeur de l'ouvrier chrétien !

Nous vous promettons encore de travailler sans cesse à l'amélioration de votre sort matériel, comme à l'agrandissement de vos intelligences. Malheur à nous, si nous voulions confisquer la science à notre profit, et ne pas vous en communiquer tout le trésor ! Malheur à nous, si nous cessions un seul moment d'ouvrir des écoles, des patronages, des cercles, des conférences, des institutions de paix et de lumière ! Aucun progrès ne nous effraye, Messieurs; aucune lumière ne nous fait peur. Des textes de l'Évangile, nous faisons et ferons perpétuellement jaillir, à travers tous les siècles, de nouvelles clartés pour dissiper nos ténèbres religieuses, philosophiques, sociales. Et ce sont ces conclusions qui constituent un progrès incessant et toujours nouveau, notre progrès, le seul et vrai Progrès.

Nous vous promettons enfin d'organiser, DE CONCERT AVEC VOUS, les Associations ouvrières. L'association ne nous épouvante que quand elle tourne au despotisme, et nous voulons principalement lui donner le caractère religieux. La Confrérie! vieux mot dont on se moque, mais grande chose en réalité. Des hommes réunis, pour un même but temporel, sous les ailes de leur Dieu, de leurs Anges gardiens et de leurs Patrons célestes! Des hommes libres discutant en toute loyauté les intérêts de leur métier, et sachant se gouverner eux-mêmes! Vous n'inventerez rien de mieux, à la condition toutefois de fondre harmonieusement, dans cette institution agrandie, l'esprit catholique et les données certaines de la science sociale. Nous traversons en ce moment une crise qui ne peut longtemps durer. A nos Sociétés coopératives et de secours mutuels vont succéder des Sociétés plus scientifiquement organisées, et surtout plus chrétiennes. Nous sommes de ceux qui espèrent en cet avenir et qui le croient très-prochain.

Et voulez-vous connaître notre idéal? C'est un ménage ouvrier qui travaille en chantant, dans une propre et jolie chambrette, bien inondée d'air et de lumière. Le père gagne de belles journées et est l'un des maîtres de sa « Confraternité » ou de son métier. Son Association le met à l'abri des soucis de la maladie et assure après sa mort le sort de sa chère femme et de ses enfants. Il a une humble bibliothèque, où n'apparaît pas la grimace de Voltaire, mais où le visage de Jésus-Christ se montre, lumineux et consolant. Vingt livres l'instruisent sur son métier; plusieurs autres l'instruisent sur ses éternelles destinées et la noblesse de son âme. Il lit volontiers à sa femme (et il lit très bien) les plus belles pages de *Geneviève* ou de *Fabiola*. Ce n'est pas un savant; mais il sait, à tout le moins, les éléments des sciences naturelles, qu'il aime d'un amour vif. N'étaient les difficultés du temps, il aurait volontiers chez lui un petit cabinet de physique, et prétend bien amuser un jour ses garçons avec des jouets uniquement scientifiques. C'est son idée, son *dada*. Je n'y vois rien, en vérité, dont un chrétien puisse rougir, et une machine électrique ne fait pas mauvaise figure auprès d'un crucifix où est attaché le Créateur de l'électricité. La mère, la jeune mère rit et fredonne dans un coin, avec trois ou quatre enfants qui la tiraillent gentiment par tous les coins de sa robe. Elle se lève, et place le dernier *baby* sur un berceau que protège une image du Christ. « Que feras-tu ce « soir, mon ami ? — Je vais à une Conférence « de Jésus-Ouvrier : on y doit parler du rôle « de l'intelligence dans les travaux manuels. « Le sujet me va, et je te raconterai la chose. « Moi, j'irai soigner la voisine qui est si ma-

« lade, et me préparer à la messe de demain. » Ainsi parlent-ils, et ils s'embrassent doucement. Pas de plaintes, pas de jalousie, pas d'aigreur, et ils ne connaissent pas la haine, même par ouï-dire. Tout reluit, tout embaume, tout chante... Nous vous promettons cet idéal en ce monde, et le ciel ensuite, Messieurs; le ciel, qui est la grande association des Bienheureux, ou, pour mieux parler, leur immortelle société avec Dieu.

III

Il semble que, devant de telles doctrines, aucun malentendu n'était possible entre l'Église et les ouvriers. Mais Satan ne l'a pas entendu de la sorte, et les objections pleuvent contre l'Église. Répondons rapidement à celles qui sont le mieux faites pour séduire vos intelligences.

Donc, on a dit et on répète que l'Église n'a rien fait pour l'ouvrier. C'est la conclusion que Victor Hugo a donnée aux dix volumes de ses *Misérables*, et ce livre a singulièrement contribué à développer la haine dans le cœur du peuple. Un groupe nombreux d'écrivains, animés contre nous de la même ardeur, affirment tous les jours que, pour trouver une société bien organisée, il faut remonter à l'antiquité, ou prendre 1789 comme point de départ. Devant de telles affirmations, il est quelquefois difficile de se contenir. Néanmoins il est préférable de les réfuter, et c'est ce que nous ferons.

Tout d'abord, en ce qui concerne l'antiquité, on oublie qu'elle a été dévorée par un chancre effroyable, l'esclavage. Les ouvriers, chez la plupart des peuples antiques, ont été longtemps et principalement des esclaves. On employait aux travaux manuels — lesquels étaient universellement méprisés — des nations entières d'esclaves, que l'on payait à coups de fouet. C'est ainsi qu'ont souvent été bâtis les magnifiques monuments des Grecs et surtout des Romains, ces monuments que l'on place si haut au-dessus de tous les nôtres. Je me souviens que, durant une belle nuit d'octobre, je contemplais avec stupéfaction, dans la ville éternelle, la masse immense du Colisée, et les fûts gigantesques de colonnes qui gisaient pêle-mêle à mes pieds, et les acqueducs colossaux qui se profilaient à l'horizon, et ces splendeurs qui restent grandes jusque dans leurs ruines. Et l'un de mes amis, qui m'accompagnait et était plongé dans la même admiration étonnée, éleva alors la voix, et me dit : « Avouez que « les races chrétiennes n'ont rien fait d'aussi « grand. — C'est vrai, lui répondis-je, et j'en « rends grâces à Dieu; car ces monuments que « nous voyons, ont, en partie, été construits « par des bras d'esclaves, et nous n'employons « plus aujourd'hui que des ouvriers très-libres « et dont nous payons la main-d'œuvre. » On ne réfléchit pas assez à ces choses. Obélisques, pyramides immenses, portiques splendides, cirques où tant de sang plébéien a coulé, théâtres où la pudeur a été si brutalement violée, temples où l'on adorait tant de passions et tant de vices, tombeaux où se révèle tant de vanité, maisons élégantes, mais où l'épouse et l'enfant comptaient pour si peu de chose, monuments étonnants d'un art incomparable, je vous admire bien moins depuis que je sais quelles mains vous ont élevés. Ah! ce n'est pas ainsi que l'on bâtit depuis l'avènement de Jésus-Christ et de l'Église!

Il est en histoire une proposition d'une clarté plus que mathématique, et j'atteste, je jure qu'elle est vraie : « C'EST L'ÉGLISE QUI A DÉTRUIT L'ESCLAVAGE ; c'est l'Église qui a transformé graduellement l'esclave en serf, et qui a forcé peu à peu la société, formée par elle, à changer le serf en homme libre. » Voilà ce que les textes établissent siècle par siècle, année par année, jour par jour. Il est vrai que l'Église n'a pas improvisé en une heure cet admirable changement, ce merveilleux progrès. Ce n'est pas sa coutume d'aller aussi vite, et la vérité est qu'on n'improvise rien. Elle a procédé lentement, mais sûrement. Elle n'a pas appelé les esclaves à la révolte, mais elle a rappelé les maîtres au devoir. Elle a donné ses soins à la grande question du mariage entre esclaves : car, avec son œil intelligent, elle avait bien vu que tout l'avenir était là. Bref, en l'an 300, il y avait des millions d'esclaves; en l'an mil, il n'y en avait plus un seul. Et, partout alors, il y avait de belles Confréries ouvrières qui travaillaient librement sur les chantiers de mille cathédrales; il y avait cent mille ouvriers qui travaillaient gratuitement pour Dieu, ou qui gagnaient noblement leur salaire en travaillant pour leurs frères. Nierez-vous ce fait? nous vous en défions. L'Église a conquis à l'ouvrier ces deux choses inappréciables : la liberté et la dignité, et pour tant de bienfaits, elle ne recueille trop souvent que l'ingratitude ou l'oubli..... Un jour, en parcourant les larges rues d'Oxford, de cette ville aux vingt-quatre collèges qui ont été jadis fondés par l'Église et qui vivent encore aujourd'hui de ces fondations de nos pères, je demandai timidement s'il n'y avait pas quelque part une église catholique. On me conduisit alors dans une sorte de chambre étroite et basse, dont beaucoup de vos patrons ne voudraient pas aujourd'hui faire leur manufacture ou leurs magasins. Voilà ce qu'on a daigné laisser à la sainte Église de Dieu en cette ville splendide qu'elle a bâtie de ses mains et baignée de ses sueurs. Il en est ainsi de la société ouvrière, qui est une création de l'Église, elle aussi : on y oublie cette mère, et c'est à peine si on lui laisse un petit coin dans l'atelier. Eh bien! c'est là, Messieurs, que nous irons la chercher avec vous, pour la remettre en honneur. Et chacun de vous pourra dire à cette libératrice des ouvriers ce que le poète Jasmin lui disait un jour, en des vers trop peu connus : « Je me souviens qu'étant « petit, l'Église m'a trouvé nu, et m'a vêtu « bien souvent. Homme, je la trouve nue; à « mon tour, je la couvre. » C'est ce cri que nous voudrions vous arracher.

L'Église, nous dit-on, « est inégale aux riches et aux pauvres. » Quand donc nous prouvera-t-on, quand pourra-t-on prouver qu'elle a deux Symboles, deux Décalogues, deux morales, deux familles de sacrements, deux dogmes, deux disciplines, deux autels; les uns à l'usage des grands, et les autres destinés aux petits? On ne le prouvera point. On pourra relever un certain nombre de faits; on citera des abus, plus ou moins condamnables, et que nous condamnons très-implacablement. Mais l'égalité reste entière. Je vais plus loin, et affirme scientifiquement que l'Église a favorisé sans cesse les petits, les faibles, les ouvriers. Ce sont ses privilégiés, et elle l'a bien fait voir.

Parmi les objections que l'on répand tous les jours au sein de la classe ouvrière, parmi les calomnies qui triomphent, hélas! dans l'esprit du peuple indignement trompé, il n'en est pas de plus scandaleuse que celle-ci : « L'Église est ennemie de l'instruction. » Et c'est à l'instruction primaire surtout que l'on applique ce mensonge, cet abominable mensonge. Or, il est prouvé qu'avant la venue de la sainte Église, il n'existait peut-être pas, dans le monde ancien, une seule école à l'usage du pauvre et de l'ouvrier. Première proposition, d'une évidence translucide. Et il n'est pas moins clairement démontré que depuis l'avènement de l'Église, « il y a eu des écoles gratuites attachées à chaque paroisse, et confiées aux soins et à la direction des prêtres. » Telles sont les propres paroles de l'érudit de nos jours qui a le mieux approfondi cette question et qui, pour établir sa conclusion, s'appuie sur les textes les plus lumineusement authentiques (1). Ne nous arrêtons pas à constater ici l'amour profond du Christ pour les ignorants, cet amour qui éclate à toutes les pages de l'Évangile ; ne faisons pas de halte durant l'époque des persécutions; mais transportons-nous en France, pendant les premiers temps de notre histoire. Au commencement du VIe siècle, le Concile de Vaison constate que DEPUIS LONGTEMPS, en Italie, « les prêtres élevaient chez eux de jeunes lecteurs et les instruisaient, comme de bons pères, dans la foi et les bonnes lettres. » En l'an 700, un concile de Rouen va plus loin et ordonne A TOUS LES CHRÉTIENS d'envoyer leurs enfants à l'école de la cité : n'est-ce pas là, Messieurs, de l'instruction chrétiennement gratuite et

---

(1) M. Ch. de Beaurepaire, ancien élève de l'École des Chartes : *Histoire de l'instruction publique en Normandie.*

chrétiennement obligatoire? Cependant Charlemagne paraît et veille énergiquement à ce que ces nobles lumières ne s'éteignent pas, ou soient rallumées. En 797, un capitulaire de Théodulfe nous offre ces admirables paroles : « QUE LES PRÊTRES ÉTABLISSENT DES ÉCOLES DANS LES VILLAGES ET DANS LES BOURGS, et qu'ils n'exigent aucun prix des enfants en retour de ce service. » Mêmes prescriptions dans les Canons du concile de Rome, en 826; dans le Bullaire du pape saint Léon IV et dans le Capitulaire d'Hérard, archevêque de Tours, en 858. Notez que ces derniers textes appartiennent à l'époque la plus ténébreuse, la plus sauvage de notre histoire. On était alors en pleine féodalité : cette institution redoutable venait de naître, sans avoir encore à côté d'elle le contre-poids chrétien de la chevalerie. Mais si nous faisons un bond de deux ou trois cents ans et que nous arrivions aux IXIe et XIIIe siècles, tout devient éclatant, et les savants ont pu dresser la liste de toutes les écoles qui existaient alors JUSQUE DANS LES PLUS PETITS VILLAGES. Ces statistiques existent, Messieurs : on les peut consulter. Et de tant de documents accumulés et qui s'étendent de de 529 à 1790, on est forcé de tirer, avec un vrai savant, cette conclusion rigoureusement scientifique : « Depuis une époque reculée et « comme à l'origine de nos paroisses, LE « CLERGÉ DANS LES CAMPAGNES A DISPENSÉ « L'INSTRUCTION AUX CLASSES AGRICOLES. Il « en fut ainsi pendant tout le cours du moyen « âge. Et même à une époque récente, nous « voyons les curés et les vicaires remplir dans « un grand nombre de paroisses les fonctions « d'instituteurs (1). » Est-ce clair, Messieurs, et que pensent nos adversaires d'un témoignage aussi précis? Toutes les écoles donc

---

(1) Ch. de Beaurepaire, l. I.

ayant été fondées par l'Église, quelle habileté satanique n'a-t-il pas fallu pour persuader au peuple que l'Église n'en a pas fondé une seule?

Plus scandaleuse est encore l'objection qui a pour objet les Œuvres de charité : car on nous accuse aussi de n'avoir pas assez aimé nos frères, les petits et les délaissés. C'est avec stupeur que nous avons pu lire, il y a quelques années, dans une Revue célèbre, cette assertion étrange, « que nous devons aux protestants l'idée de nos Sœurs de charité. » Or, nous avons là sous nos yeux des actes, véritablement innombrables, établissant clairement qu'il y en avait plusieurs milliers dans la France des XIIe et XIIIe siècles. Et nous avons eu la joie d'écrire nous-même une « Histoire de la charité » que nous voudrions résumer ici en quelques lignes... Durant les premiers siècles de l'Église et pendant les persécutions, les pauvres, TOUS les pauvres ont été assistés à domicile par les diacres. Et, après les persécutions, ces mêmes pauvres furent réunis en de splendides palais qui purent alors, Messieurs, se diviser en autant de classes qu'il y avait de misères à secourir. Si nous ne craignions d'être pédants, nous vous citerions ici les *Brephotrophia*, ou asiles pour les enfants; les *Nosocomia*, ou maisons pour les malades; les *Orphanotrophia*, réservés aux orphelins, et les *Gerontoconia*, consacrés à la vieillesse. De tels établissements ont continué de subsister du VIIe au XIIIe siècle, dans toutes les villes épiscopales, dans les centres monastiques et, parfois même, dans les plus humbles paroisses, où l'on n'a jamais cessé, durant les âges chrétiens, de soulager les souffrants, de rassasier les affamés, de diriger les errants et d'instruire les ignorants. Et cela nous conduit aisément jusqu'aux XIVe et XVe siècles, où nous voyons tant de milliers de Maisons-Dieu, tant d'établissements de charité s'épanouir sur toute la surface du sol chrétien. Où sont les pleurs que l'Église n'a point séchés? les nudités qu'elle n'a point couvertes? les captifs qu'elle n'a point rachetés? les malades qu'elle n'a pas visités? les étrangers qu'elle n'a pas accueillis? les morts qu'elle n'a pas ensevelis dans ses larmes? les pécheurs qu'elle n'a pas bercés sur son cœur? les enfants qu'elle n'a point fait sourire et qu'elle n'a pas instruits ou consolés? les ouvriers enfin qu'elle n'a point aimés? Encore un coup, les textes sont là : vous pouvez, vous DEVEZ les lire.

« Mais l'Église, nous objecte-t-on encore, l'Église ne se préoccupe point aujourd'hui de la question sociale, de la question ouvrière. » J'ai là, sur ma table de travail, vingt livres, signés des plus grands noms catholiques et uniquement consacrés à cette science nouvelle. Depuis dix-huit cents ans, d'ailleurs, l'Église n'a pas cessé une seule minute de faire de l'économie politique EN ACTION : car elle n'a pas cessé un seul instant de se pencher sur toutes les misères pour les affranchir, sur toutes les jouissances pour les purifier. Sans avoir jamais regardé le sacrifice et la résignation comme la solution dernière du problème social, sans avoir jamais renoncé à construire le règne de Dieu dans un meilleur avenir, elle n'a jamais cessé de prêcher la résignation aux petits et le sacrifice aux puissants. Et il y a dix-huit cents ans aussi que l'Église écrit sa théorie économique : car, en raison de la connexion étroite qui unit entre elles la question sociale et la théologie, on peut dire en toute vérité qu'il y a eu jusqu'au XIXe siècle autant de livres d'économie politique qu'on a écrit de traités de théologie. Enfin, le jour est venu où il s'est fondé (grâces en soient rendues à Dieu!) une science uniquement consacrée à l'étude de la question sociale. Loin de reculer devant elle, l'Église l'a vaillamment abordée. Sans doute elle a cent autres besognes sur les bras et est forcée de choisir l'heure où elle se met à une tâche. L'heure a sonné. Dans cette même maison où vous m'écoutez avec tant de patience, un modeste Conseil se réunit tous les lundis. De toutes les extrémités de Paris, il y vient des représentants de tous nos Ordres religieux, et ils sacrifient joyeusement toute autre occupation à celle-là. Ils montent là-haut, dans une sorte de mansarde d'où nous aspirons à descendre et où nous avons réuni pour vous une bibliothèque chrétiennement populaire. Et là, ils s'occupent... de qui, Messieurs? De l'ouvrier uniquement, et uniquement de la question ouvrière. Ces séances ne durent pas moins de deux, trois, et même quatre heures. On cherche à y étudier les principes qui dominent cette question; l'histoire des efforts qui ont été faits jusqu'à ce jour en faveur de l'ouvrier; les obstacles qui s'opposent à la solution de ce grand problème, et les remèdes enfin que l'on peut apporter dès aujourd'hui à tant de maux accumulés (1). Voilà ce que font ces prêtres, ces religieux, ces catholiques. Durant plusieurs années ils vont passer tour à tour en revue l'ouvrier, la famille ouvrière, l'association ouvrière. Tel est le plan du livre dont ils disposent les matériaux, telles sont les trois parties d'une sorte de Théologie ou de Somme

(1) Voici textuellement le Programme d'études dont nous parlons :

1° *Les Principes.* Quels sont les desseins de Dieu sur le travail et sur le travailleur? — Principes de la justice naturelle relativement à la condition de l'ouvrier.

2° *L'historique.* Comment l'Église a-t-elle fait application de ces principes? — Et jusqu'à quel degré de perfection a-t-elle poursuivi la réalisation des desseins de Dieu sur l'ouvrier?

3° *Les Obstacles.* Quels obstacles ont entravé l'action de l'Église? — Quelles erreurs ont troublé son œuvre salutaire et rejeté l'ouvrier dans le mal-être et dans le mal?

4° *Les Remèdes.* Comment écarter les obstacles et remédier aux désordres? — Comment rendre à l'Église sa liberté d'action? — Comment restaurer dans l'atelier les principes de la justice naturelle et de la perfection divine? — Œuvres pour le présent; préparations pour l'avenir.

ouvrière, qu'ils préparent de concert. En dix autres lieux de Paris se réunissent dix Assemblées non moins catholiques, qui sont animées du même esprit et poursuivent le même but. Nous pouvons dire qu'en principe « l'économie sociale catholique » est enfin créée.

Je m'arrête, et jette un dernier regard sur l'espace que nous avons parcouru ensemble. J'ai commencé par la croix. Je finirai par elle.

Dans un de nos romans de chevalerie, il est dit que le bois de la vraie croix, porté au front de l'armée chrétienne en je ne sais quelle bataille contre les Sarrazins, prit tout à coup des proportions gigantesques, miraculeuses. Il toucha le ciel et devint plus lumineux que le soleil. Les infidèles, effarés de terreur, prirent soudain la fuite et les chrétiens comptèrent une victoire de plus.

Messieurs, la croix de l'Œuvre des Cercles

est petite, toute petite, et ne sera pas sans doute l'objet d'un tel prodige. J'espère néanmoins que sa douce lumière finira par nous assurer la victoire.

Et la victoire que nous désirons, c'est de jeter l'ouvrier dans les bras de Jésus-Christ.

LÉON GAUTIER.

A côté des Conférences destinées aux ouvriers, les catholiques en ont ouvert d'autres pour les classes éclairées et « dirigeantes. » Ces Conférences ont été inaugurées, le 30 janvier 1873, par les quelques mots que nous allons reproduire et qui complètent notre pensée sur la question ouvrière.

Messieurs,

Il y a quinze jours, nous inaugurions, avec quelque solennité, nos Conférences destinées à la classe ouvrière. C'était sur la montagne Sainte-Geneviève, en plein peuple. Et là, devant un auditoire de quatre cents ouvriers, nous avons, sans crainte, arboré le drapeau de l'Église. Nous ne nous sommes alors rendu coupable d'aucune hésitation, d'aucune réticence. Nous avons été très-franchement, très-

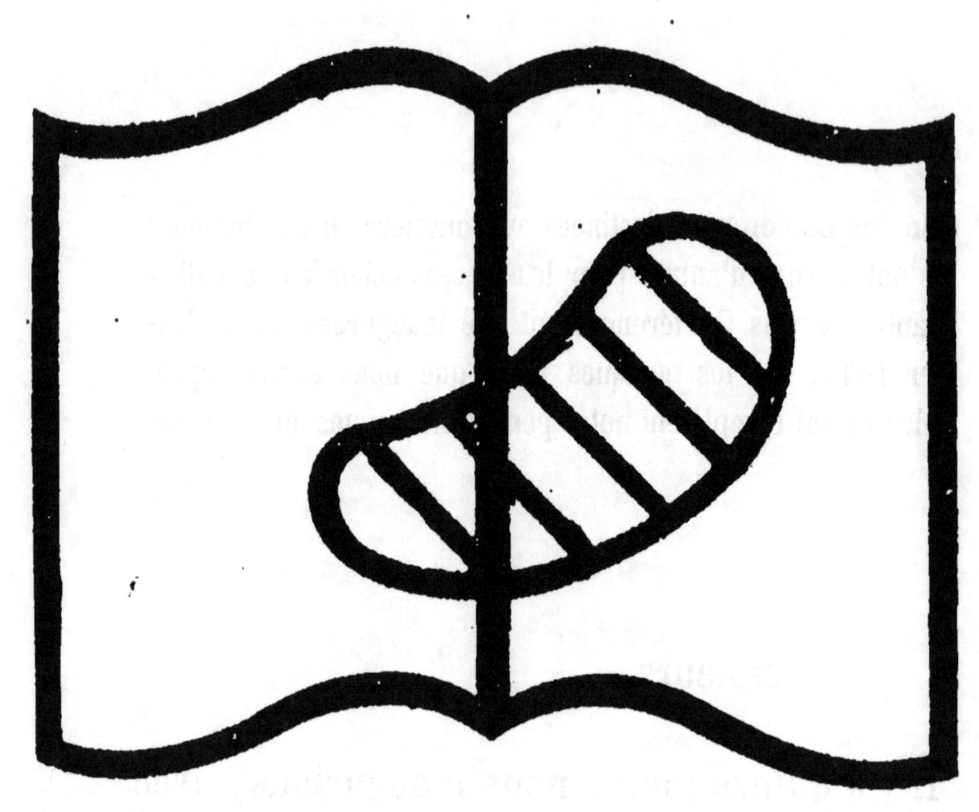

absolument catholique. Flatter les ouvriers, c'est ce que nous n'aurions jamais voulu faire, et nous nous sommes laissé aller à leur exposer toute la vérité, sans ambages, sans ombres. Aujourd'hui, Messieurs, nous ne vous tiendrons pas un autre langage : car vous méritez, vous aussi, d'entendre toute la vérité. Nous vous dirons, tout d'abord, comme aux ouvriers : « Nous ne sommes pas des politiques, et nous prétendons uniquement vous placer avec nous sur le terrain religieux. » Nous sommes venu ici pour vous crier, de toutes les forces de notre voix et de notre cœur, que la question ouvrière s'impose désormais à notre attention, à nos études, et que nous ne saurions reculer devant elle. Cette question, nous ne pouvons la résoudre ni par l'habileté, ni par la violence. Il y faut la sincérité absolue; il y faut l'affirmation de Jésus-Christ et de l'Église; il y faut l'amour.

Nous croirions manquer à un devoir, si nous

n'essayions de produire en vous un jugement équitable sur l'ouvrier, une pensée miséricordieuse et élevée. Représentez-vous un moment, Messieurs, comment s'écoulent les premières années de l'ouvrier Abordez dans la rue ce menuisier, ce typographe, ce mécanicien qui passe en blasphémant et qui, dans ce moment même, savoure peut-être en son journal quelque effroyable impiété contre Dieu et son Église. Demandez-lui de vous raconter sa vie... Un jour, dans une obscure mansarde, il est né sur des haillons. Pas de crucifix sur la muraille; pas de foi dans les cœurs. Une ignorance que je ne saurais comparer à aucune autre, pas même à celle des sauvages de l'Océanie. On l'a baptisé cependant, parce que c'est l'usage, et sa mère, qui seule garde encore un petit rayon de lumière chrétienne, a souri en le voyant revenir de l'église. Mais c'est tout. L'ouvrier, dès lors, a été brutalement séparé de l'Église : et voici près d'un siècle, hélas!

que de telles séparations sont devenues un fait banal. Une sorte de conspiration ténébreuse s'exerce dans tous les ateliers contre tous ceux qui laissent seulement entrevoir le désir de revenir à la foi, et l'un des principaux patrons de Paris me disait récemment : « Je ne veux plus d'ouvriers chrétiens dans mon atelier : ils y sont trop martyrs. » Paroles qui dénoncent une plaie vraiment épouvantable. L'enfant de l'ouvrier respire une atmosphère épaisse d'ignorance et de haine. A la table de son père, il n'entend jamais que des appels à la séparation, à la révolte. On lui rappelle tous les jours qu'il appartient à une caste « déshéritée, persécutée, maudite. » On lui dit qu'il y a ici-bas deux camps irréconciliables, les Riches et les Pauvres. On lui crie : « La guerre est déclarée; » on l'excite. On lui montre, avec un doigt plein de haine, les vitrines des riches magasins, ces trésors qui ne sont pas faits pour lui, ces piles d'or qu'un seul homme peut perdre ou gagner en une soirée. « Oh ! si nous étions vainqueurs, ajoute-t-on. Le pauvre enfant ouvre les yeux ; il s'aperçoit aisément qu'il n'a pas de jouets magnifiques et que ses repas ont sa sobriété pour principal assaisonnement. Des idées de mécontentement lui montent au cerveau avant même qu'il ait fait son entrée à l'atelier. Une première communion, faite trop vite, ne l'arrache pas assez profondément à ce mauvais engrenage. Quelques mois, quelques jours après, il est perdu. Il grandit au milieu des jurons de l'atelier, entendant d'abord, écoutant ensuite et chantant bientôt ces chansons parisiennes dont aucune langue ne saurait rendre l'abominable caractère. Il se persuade que cette vie est le dernier mot de toutes les choses, et qu'il y faut à tout prix conquérir le plus de jouissances possibles. Certain soir, des agents de société secrète viennent le trouver dans un coin de son « bagne. » Ils lui soufflent à l'oreille certains mots mystérieux qui sont trop aisément compris. L'enfant a quinze ans; dix-huit ans, vingt ans. Il jette les yeux sur un fusil qu'on lui « confie. » Il parle de démolir pour reconstruire, mais prépare la pioche plutôt que la truelle. Cependant il profite d'un moment de repos, d'une éclaircie pour se marier avec quelque honnête et pauvre fille qui a été élevée comme lui. Il fait une apparition d'une heure à l'église et n'y reviendra plus... non, pas même un jour, dans un cercueil, pour y recevoir l'eau sainte, l'encens et les dernières prières. Une immense tyrannie pèse sur lui. On ne lui permet plus d'aspirer à quelque chose qui ne soit pas absolument matériel. On l'enferme dans un cercle fatal dont il ne pourra jamais sortir et où il est condamné à conspirer éternellement contre la société, contre l'Église, contre Dieu. C'est ainsi qu'il vit, c'est ainsi qu'il meurt, victime d'une conspiration satanique; triste victime et mille fois MOINS COUPABLE assurément que nous n'avons l'habitude de le croire. Laisserons-nous, Messieurs, laisserons-nous se prolonger un tel état de choses? Supporterons-nous tranquillement le spectacle d'une telle vie et d'une telle mort.

Et d'ailleurs, Messieurs, n'avons-nous pas ici à nous frapper la poitrine? Sommes-nous innocents? N'avons-nous donné aux petits que de bons exemples? Avons-nous consacré à l'œuvre de la réconciliation sociale le quart seulement de notre superflu, de notre intelligence et de notre cœur? Avons-nous aimé l'ouvrier? Ne l'avons-nous pas trop souvent jugé avec une sévérité peu chrétienne? N'avons-nous pas enfin désespéré de sa conversion? Interrogeons notre conscience, et répondons. Ce qu'il y a de certain, c'est que les hommes des classes dirigeantes ont, au XVIIIe siècle et de nos jours, donné au paysan et à l'ouvrier l'exemple d'une incrédulité « charmante » et d'un épicurisme « délicat. » Délicat et charmant! ce sont eux qui le disent. Mais les petits ont vu, les pauvres ont compris, et ils se sont jetés ardemment dans la révolte contre Dieu et contre les hommes. Le scepticisme aristocratique et bourgeois a engendré le scepticisme plébéien. Nous devons donc au peuple une réparation éclatante pour tout le mal que plusieurs d'entre nous lui ont fait. Et cette réparation, la voici. Il faut aller vers le peuple, sur l'heure et sans un instant de retard. Il faut le serrer dans nos bras et lui dire : « Nous sommes des chrétiens qui voulons te faire chrétien. » Et si nous faisons cela, nous vaincrons.

Les cercles catholiques d'ouvriers n'ont pas été créés dans un autre but. C'est l'œuvre souverainement pacifique et réconciliante; c'est l'œuvre réparatrice de tous les scandales des derniers siècles; c'est l'œuvre qui prépare le second avènement de Jésus-Christ dans la classe ouvrière. Hors de là, il n'y a que la force brutale, ou ces petites habiletés des grands politiques qui sont destinées à avorter misérablement.

Ce n'est donc pas une aumône que nous venons aujourd'hui vous demander : c'est un devoir que nous vous sommons de remplir. Notre avenir, le vôtre, celui du monde, sont entre vos mains. Prononcez.

Imp. Alph. LEROY fils, à Rennes.

PUBLICATIONS

DE LA

SOCIÉTÉ GÉNÉRALE DE LIBRAIRIE CATHOLIQUE

Vve PALMÉ, 76, rue des Saints-Pères, Paris.

ŒUVRES DE PAUL FÉVAL

Jésuites! Un volume in-12 (15e édition)..... 3 fr.

Les Étapes d'une Conversion (1re série). Un volume in-12 (13e édition).................. 3 fr.

Pierre Blot, second récit de Jean (IIe série des *Etapes d'une conversion*). Un volume in-12 (8e édition)............................. 3 fr.

La Fée des Grèves, légende bretonne. Un volume in-12 (6e édition)................... 3 fr.

L'Homme de fer, suite à *la Fée des grèves.* Un volume in-12 (4e édition).................. 3 fr.

Les Contes de Bretagne. Un vol. in-12 (5e édit.) 3 fr.

Le dernier Chevalier. Un vol. in-12 (3e édit.) 3 fr.

Frère Tranquille, anciennement *la Duchesse de Nemours.* Un vol. in-12 (3e édition)....... 3 fr.

Châteaupauvre, voyage au dernier pays breton (6e édition, augmentée d'un *avertissement* de l'auteur). Un volume in-12............... 3 fr.

La Fille du Juif-Errant. Un vol. in-12 (2e édit.) 3 fr.

Le Château de velours. Un vol. in-12 (3e édit.) 3 fr.

La Louve. Un volume in-12................ 3 fr.

Valentine de Rohan. Un volume in-12.... 3 fr.

Les Romans enfantins. Un volume in-12... 3 fr.

Le Mendiant noir. Un volume in-12........ 3 fr.

Veillées de famille. Un volume........ 3 fr.

Le Poisson d'Or. Un volume........... 3 fr.

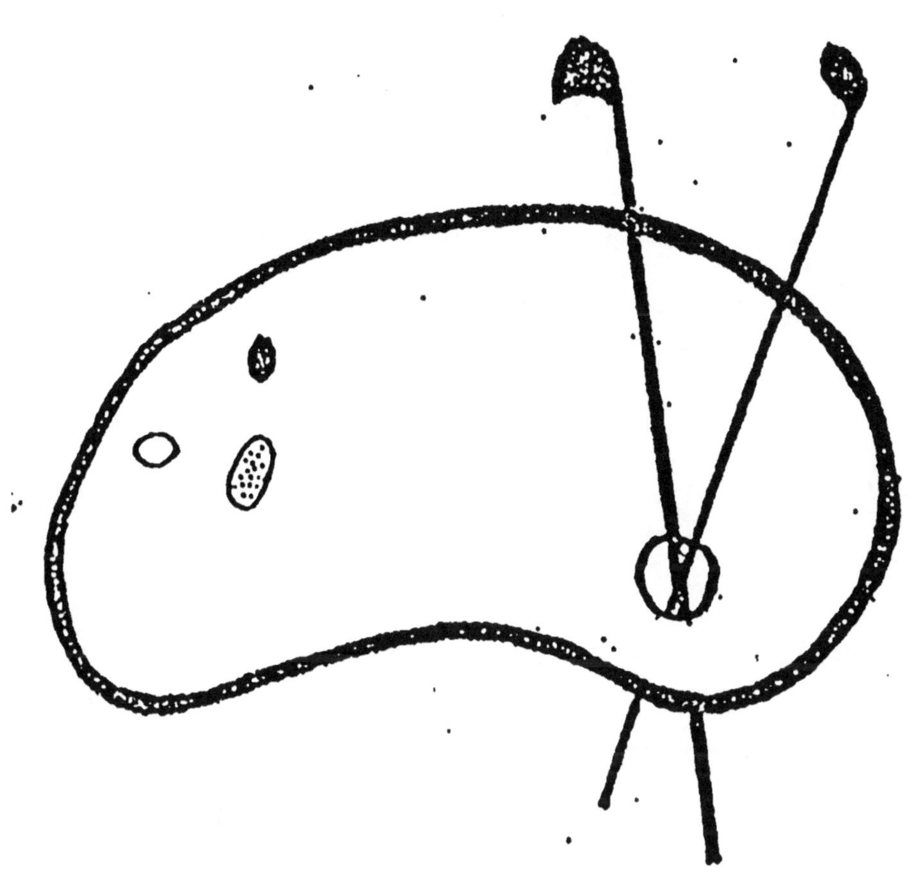

www.ingramcontent.com/pod-product-compliance
Lightning Source LLC
LaVergne TN
LVHW020446230826
846091LV00004B/1564
9782013554947